Geirlyfr y Olfa Wordbook

Yr Ansoddeiriau

A comprehensive collection of Welsh Adjectives

D. Geraint Lewis

Argraffiad cyntaf: 2021

© Hawlfraint D. Geraint Lewis a'r Lolfa Cyf., 2021

Mae hawlfraint ar gynnwys y llyfr hwn ac mae'n anghyfreithlon llungopïo neu atgynhyrchu unrhyw ran ohono trwy unrhyw ddull ac at unrhyw bwrpas (ar wahân i adolygu) heb gytundeb ysgrifenedig y cyhoeddwyr ymlaen llaw

Cynllun y clawr: Richard Huw Pritchard

Rhif Llyfr Rhyngwladol: 978-1-80099-152-1

Cyhoeddwyd ac argraffwyd yng Nghymru
ar bapur o goedwigoedd cynaliadwy gan
Y Lolfa Cyf., Talybont, Ceredigion SY24 5HE
e-bost ylolfa@ylolfa.com
gwefan www.ylolfa.com
ffôn 01970 832 304
ffacs 01970 832 782

Rhagymadrodd: *Foreword*

Yr hyn a geir yma yw rhestr gynhwysfawr o'r ansoddeiriau Cymraeg y gellir eu cymharu.

1. Mae dau ddull o gymharu:
   Y *dull cwmpasog* yn defnyddio 'mor', 'mwy' a 'mwyaf'
   Y *dull ffurfdroadol* yn defnyddio 'cyn', 'yn' ac 'y'

2. Mae tair o'r graddau cymhariaeth yn gallu cael eu ffurfdroi:

Cysefin	**Cyfartal**	**Cymharol**	**Eithaf**
gwlyb :	cyn wlyped:	yn wlypach:	y gwlypaf

   Mae '*mor*', '*cyn*' ac '*yn*' yn sbarduno Treiglad Meddal.
   Mae '*y mwyaf*' ac '*y*' yn sbarduno Treiglad Meddal pan fyddant yn cyfeirio at enw benwywaidd, e.e. *merch* ' *hi yw'r fwyaf a'r dewaf*'.

   Mae ffurfiau '*mor*' a '*cyn*' yn cael eu dilyn gan **â** sy'n sbarduno Treiglad Llaes ac yn troi yn **nag** o flaen llafariad.

   Dilynir ffurfiau '*mwy*' ac '*yn*' gan **na** sy'n sbarduno Treiglad Llaes ac yn troi'n **nag** o flaen llafariaid

3. ceir ffurfiau benywaidd: *gwleb*

4. A ffurfiau lluosog:
   Mae rhai o'r ffurffiau lluosog yn ffurfiau ansoddeiriol, *caeau gwlybion*. Nodir y rhain *(lluos)* a

Mae ffurfiau eraill yn gallu gweithio fel *ansoddair* ac fel *enw lluosog* e.e. *llygaid gleision; y Gleision* (tîm rygbi)

5. Defnyddir y radd gyfartal wedi ei threiglo fel ebychiad
Dywylled y nos!

6. Nodwn ddwy swyddogaeth:
cymhariaeth *Mae Mair cyn daled â Dafydd*
a **chyffelybiaeth** (simile) *cyn dywylled â phechod; cyn farwed â hoelen* (nid oes graddau eraill i 'marw')

Gellir defnyddio mor; mwy; mwyaf gyda phob ansoddair a restrir - ac eithrio'r rhai a nodir yn wahanol

Introduction

What we have here is a comprehensive list of Welsh adjectives that take degrees of comparison, together with feminine and plural forms.

1. There are two ways of comparing Welsh adjectives:
   The *periphrastic* forms using 'mor', 'mwy' a 'mwyaf'
   The *inflected* forms using 'cyn', 'yn' ac 'y'

2. There are four degrees of comparison three of which may be inflected:

Positive	Equative	Comparative	Superlative
gwlyb :	cyn wlyped:	yn wlypach:	y gwlypaf

'*mor*', '*cyn*' and '*yn*' trigger Treiglad Meddal;
'*y mwyaf*' and '*y*' trigger Treiglad Meddal when they refer to a feminine noun, e.g. 'merch' - *hi yw'r fwyaf a'r dewaf*

'*mor*' and '*cyn*' forms are followed by **â** which triggers Treiglad Llaes and which becomes **ag** before a vowel

'*mwy*' and '*yn* ' forms are followed by **na** which triggers Treiglad Llaes and which becomes **nag** before a vowel

3. Certain adjectives have feminine forms, e.g. 'gwlyb' *gwleb*

4. and plural forms:
   some of which are solely adjectival, e.g. *caeau gwlybion* - these are followed by *(lluos) a*
   Others may function adjectivally and/or as a plural noun, e.g. adjectivally *llygaid gleision;* noun '*y Gleision*' (a rugby team)

5. The equative degree may mutate and function as an exclamation, *Dywylled y nos!*

6. We note two adjectival functions :
   comparative *Mae Mair cyn daled â Dafydd.* Mair is <u>as tall</u> as Dafydd
   as a **simile** *cyn dywylled â phechod; cyn farwed â hoelen.* <u>as black as</u> sin;
   <u>as dead as</u> a door nail.

The majority of the adjectives listed may be compared using **mor; mwy; mwyaf** – any exceptions are noted otherwise.

Diolchiadau

Rwy'n ddyledus i'r Lolfa am eu parodrwydd i gyhoeddi fersiwn cwbl newydd o'm cyfrol flaenorol *Y Llyfr Ansoddeiriau: A check-list of Welsh Adjectives* ac am eu gofal manwl wrth baratoi'r testun i'w gyhoeddi. Fy eiddo i yw unrhyw fefl a erys.

D. Geraint Lewis
Llangwrddon

Ansoddeiriau

Y Radd Gysefin *Positive*	Y Radd Gyfartal *Equative*	Y Radd Gymharol *Comparative*	Y Radd Eithaf *Superlative*

A

aberthadwy			
abl	cyn abled/apled	yn ablach/aplach	yr ablaf/aplaf
absennus			
abswrd			
academaidd			
acennog			
acrobatig			
acromatig			
acsiomatig			
actadwy			
achredadwy			
achubadwy			
achubol			
achwyngar			
adeiladol			
adeiniog			
adferadwy			
adfydus			
adfywiadwy			
adlamol			
adloniadol			
adlewyrchol			
adnabyddadwy			
adroddllyd			
adweithiol			
addas			

Ansoddeiriau

addasadwy			
addawol			
addfwyn	cyn addfwyned	yn addfwynach	yr addfwynaf
addolgar			
addurnedig			
addurniadol			
addysgadwy			
addysgedig			
addysgiadol			
aeddfed	cyn aeddfeted	yn aeddfetach	yr aeddfetaf
aerodynamig			
afiach			
afieithus			
aflafar			
aflan			
aflednais			
aflêr			
aflesol			
aflonydd			
afloyw			
afluniaidd			
aflwyddiannus			
afradlon			
afrealistig			
afreolaidd			
afreolus			
afresymegol			
afresymol			
afrosgo			
affwysol			
agored			

Ansoddeiriau

agos			
angenrheidiol			
angerddol			
angharedig	cyn anghareticed	yn angharedicach	yr angaharedicaf
anghefnogol			
anghelfydd			
anghenus			
angherddorol			
anghildroadwy			
anghlodwiw			
anghludadwy			
anghoeth			
anghofus			
anghonfensiynol			
anghredadwy			
anghroesawgar			
anghroyw			
anghwrtais			
anghydnaws			
anghyfeillgar			
anghyfiawn			
anghyfleus			
anghyfrifol			
anghyfforddus			
anghyffredin			
anghymdeithasol			
anghymdogol			
anghymedrol			
anghymen			
anghymeradwy			
anghymodlon			

anghymreig			
anghymwynasgar			
anghynaliadwy			
anghynnes			
anghysbell			
anghytbwys			
anghyson			
anghywir			
angylaidd			
allanol			
allfydol			
amatur	ddim yn cymharu		
amaturiaid	*enw lluosog*		
amddifad	cyn amddifated	yn amddifatach	yr amddifataf
amddifaid	*enw lluosog*		
amddiffynnol			
amharchus	cyn amharchused	yn amharchusach	yr amharchusaf
amharod	cyn amharoted	yn amharotach	yr amharotaf
amhendant			
amherffaith	cyn amherffeithed	yn amherffeithach	yr amherffeithaf
amhersain			
amhersonol			
amheus			
amheuthun			
amhoblog			
amhoblogaidd			
amhriodol			
amhrofiadol			
amhrydlon			
amhur	cyn amhured	yn amhurach	yr amhuraf
aml	cyn amled	yn amlach	yr amlaf

amleiriog			
amlwg	cyn amlyced	yn amlycach	yr amlycaf
amrwd			
amryddawn			
amryfal			
amrywiol			
amwys	cyn amwysed	yn amwysach	yr amwysaf
amyneddgar			
anabl	cyn anabled	yn anablach	yr anablaf
anaddas			
anaeddfed	cyn anaeddfeted	yn anaeddfetach	yr anaeddfetaf
analluog			
anaml	cyn anamled	yn anamlach	yr anamlaf
anamlwg	cyn anamlyced	yn anamlycach	yr anamlycaf
anarferol			
anargyhoeddedig			
anatyniadol			
anchwaethus			
andwyol			
aneffeithiol			
aneffeithlon			
aneglur	cyn aneglured	yn aneglurach	yr anegluraf
anenwog	cyn anenwoced	yn anenwocach	yr anenwocaf
anesmwyth	cyn anesmwythed	yn anesmwythach	yr anesmwythaf
anfad	cyn anfated	yn anfatach	yr anfataf
anfaddeuol			
anfanwl	cyn anfanyled	yn anfanylach	yr anfanylaf
anfedrus	cyn anfedrused	yn anfedrusach	yr anfedrusaf
anferth	cyn anferthed	yn anferthach	yr anferthaf
anfodlon	cyn anfodloned	yn anfodlonach	yr anfodlonaf
anfoesgar			

Ansoddeiriau

anfoesol			
anffafriol			
anffasiynol			
anffodus			
anffodusion	*enw lluosog*		
anffurfiol			
anffyddlon			
anhapus	cyn anhapused	yn anhapusach	yr anhapusaf
anhrefnus			
anhrugarog			
anhyblyg			
anhyderus			
anhyfryd	cyn anhyfryted	yn anhyfrytach	yr anhyfrytaf
anhygoel			
anhygyrch			
anhylaw			
anial			
anlwcus			
anllad			
annaearol			
annarbodus			
annaturiol			
annealladwy			
anneallus			
annelwig			
annemocrataidd			
anneniadol			
annerbyniol			
annhebyg	cyn annhebyced	yn annhebycach	yr annhebycaf
annhebygol			
annheg	cyn annheced	yn annhecach	yr annhecaf

Ansoddeiriau

annheilwng	cyn annheilynged	yn annheilyngach	yr annheilyngaf
anniddig	cyn anniddiced	yn anniddicach	yr anniddicaf
annifyr	cyn annifyrred	yn annifyrrach	yr annifyrraf
annigonol			
annioddefol			
anniolchgar			
annisgwyl			
anniwair	cyn anniweired	yn anniweirach	yr anniweiraf
annoeth	cyn annoethed	yn annoethach	yr annoethaf
anoethion	*enw lluosog*		
annwyl		yn anwylach	yr anwylaf
anwyliaid	*enw lluosog*		
anodd	cyn anhawsed	yn anos	yr anhawsaf
anonest			
anraslon			
anrhydeddus			
ansefydlog	cyn ansefydloced	yn ansefydlocach	yr ansefydlocaf
ansensitif			
ansicr	cyn ansicred	yn ansicrach	yr ansicraf
ansoniarus			
anturus			
anufudd	cyn anufudded	yn anufuddach	yr anufuddaf
anwadal	cyn anwadaled	yn anwadalach	yr anwadalaf
anwar			
anwariaid			
anwastad	cyn anwastated	yn anwastatach	yr anwastataf
anwybodus			
anymarferol			
anystwyth	cyn anystwythed	yn anystwythach	yr anystwythaf
apathetig			
apelgar			

araf	cyn arafed	yn arafach	yr arafaf
arall	ddim yn cymharu		
eraill	*enw lluosog*		
ardderchog	cyn ardderchoced	yn ardderchocach	yr ardderchocaf
ariannog			
aristocrataidd			
arloesol			
aromatig			
arswydus			
artistig			
arwrol			
astrus			
astud			
atgas	cyn atgased	yn atgasach	yr atgasaf
athletaidd			
athrist	cyn athristed	yn athristach	yr athristaf
awchus			
awdurdodol			
awtocratig			
awyddus			

B

babanaidd			
bach	*cyn lleied*	*yn llai*	*y lleiaf/leiaf*
bychain	*ansoddair lluosog*		
bechan/fechan	*benywaidd*		
bachog			
balch	cyn falched	yn falchach	y balchaf/falchaf
beilchion	*ansoddair lluosog*		
barbaraidd			
barddonol			
barfog			
barus			
bas	cyn fased	yn fasach	y basaf/fasaf
beision	*ansoddair lluosog*		
beiddgar			
beirniadol			
bendigedig			
bendithiol			
bisi			
biwrocrataidd			
blaengar			
blaenllaw			
blasus	cyn flasused	yn flasusach	y blasusaf/flasusaf
blêr	cyn flered	yn flerach	y bleraf/fleraf
blewog			
blin	cyn flined	yn flinach	y blinaf/flinaf
blinedig			
blodeuog			
blwng			
blong	*benywaidd*		
blysgar			
bodlon			

boddhaol			
bohemaidd			
boliog			
bonheddig	cyn foneddiced	yn foneddicach	y boneddicaf/ foneddicaf
boneddigion	*enw lluosog*		
bore	cyn foreued	yn foreuach	y boreuaf/foreuaf
bostfawr			
bradwrus			
braf	cyn brafied	yn brafiach	y brafiaf
braisg			
breisgion	*ansoddair lluosog*		
braith/fraith	gw. **brith**		
bras	cyn frased	yn frasach	y brasaf/frasaf
breision	*ansoddair lluosog*		
brasterog			
bratiog			
brau	cyn freued	yn freuach	y breuaf/freuaf
breuon	*ansoddair lluosog*		
brawychus			
brech/frech	gw. **brych**		
bregus	cyn fregused	yn fregusach	y bregusaf/fregusaf
breintiedig			
breuddwydiol			
brith	cyn frithed	yn frithach	y brithaf/frithaf
brithion	*ansoddair lluosog*		
briwsionllyd			
brochus			
brolgar			
brown	cyn frowned	yn frownach	y brownaf/frownaf
brwd			

Ansoddeiriau

brwdfrydig			
brwnt	cyn frynted	yn fryntach	y bryntaf/fryntaf
bryntion	*ansoddair lluosog*		
bront/front	*benywaidd*		
brych	cyn fryched	yn frychach	y brychaf/frychaf
brech/frech	*benywaidd*		
brysiog			
buan	cyn fuaned	yn fuanach	y buanaf/fuanaf
buain	*ansoddair lluosog*		
budr	cyn futred	yn futrach	y butraf/futraf
budron	*ansoddair lluosog*		
busneslyd			
bychan	*cyn lleied*	*yn llai*	*y lleiaf/leiaf*
bychain	*ansoddair lluosog*		
bechan/fechan	*benywaidd*		
byddar	cyn fyddared	yn fyddarach	y byddaraf/fyddaraf
byddariaid	*enw lluosog*		
byddarol			
bygythiol			
bylchog			
byr	cyn fyrred â	yn fyrrach na	y byrraf/fyrraf
byrion	*ansoddair lluosog*		
byrbwyll			
bywiog	cyn fywioced	yn fywiocach	y bywiocaf/fywiocaf

C

cadarn	cyn gadarned	yn gadarnach	y cadarnaf/ gadarnaf
cedyrn	*lluosog*		
cadarnhaol			
caeedig			
caerog			
caeth	cyn gaethed	yn gaethach	y caethaf/gaethaf
caethion	*enw lluosog*		
cafaliraidd			
caglog			
canghennog			
cain	cyn geined	yn geinach	y ceinaf/geinaf
ceinion	*enw lluosog*		
caled	cyn galeted	yn galetach	y caletaf/galetaf
celyd	*ansoddair lluosog*		
calon-galed			
calonnog	cyn galonoced	yn galonocach	y calonocaf/ galonocaf
call	cyn galled	yn gallach	y callaf/gallaf
cam	cyn gamed	yn gamach	y camaf/gamaf
ceimion	*ansoddair lluosog*		
camarweiniol			
canadwy			
canfyddadwy			
canmoladwy			
canmoliaethus			
canolog			
carbwl			
carcus			
caredig	cyn garediced	yn garedicach	y caredicaf/ garedicaf

Ansoddeiriau

caredigion	*enw lluosog*		
caregog			
carismatig			
carlamus			
carpiog			
cartrefol			
cas	cyn gased	yn gasach	y casaf/gasaf
castiog			
cathartig			
cau	cyn geued	yn geuach	y ceuaf/geuaf
cawstig			
cecrus			
cefngrwm			
cefnog			
cefnogol			
ccgog			
ceidwadol			
ceinciog			
ceintachlyd			
celfydd			
celwyddog			
cellweirus			
cenfigennus			
cennog			
cerddgar			
cerddorol			
ciaidd			
cibddall			
cignoeth			
ciwt	cyn giwted	yn giwtach	y ciwtaf/giwtaf
claear			

claf			
cleifion	*enw lluosog*		
clasurol			
clawstroffobig			
clên			
clinigol			
clir	cyn gliried	yn gliriach	y cliriaf/gliriaf
clodfawr			
cloff	cyn gloffed	yn gloffach	y cloffaf/gloffaf
cloffion	*enw lluosog*		
clogyrnaidd			
clòs	cyn glosed	yn glosach	y closaf/glosaf
clwyfedig			
clwyfedigion	*enw lluosog*		
clyd	cyn glyted	yn glytach	y clytaf/glytaf
clyfar	cyn glyfred	yn glyfrach	y clyfraf/glyfraf
clytiog			
clywadwy			
coch	cyn goched	yn gochach	y cochaf/gochaf
cochion	*lluosog*		
cochlyd			
coediog			
coeglyd			
coesog			
coeth	cyn goethed	yn goethach	y coethaf/ goethaf
cofiadwy			
colledig			
colledigion	*enw lluosog*		
cota/gota	gw. **cwta**		
crablyd			

Ansoddeiriau

crac			
crachlyd			
crafog			
craff	cyn graffed	yn graffach	y craffaf/graffaf
crand	cyn grandied	yn grandiach	y crandiaf/grandiaf
cras	cyn grased	yn grasach	y crasaf/grasaf
creision	*enw lluosog*		
creadigol			
crebachlyd			
crech/grech	gw. **crych**		
credadwy			
cref/gref	gw. **cryf**		
crefyddol			
crefftus			
creg/greg	gw. *cryg*		
creigiog			
creulon			
crimp			
crin	cyn grined	yn grinach	y crinaf/grinaf
crintachlyd			
Cristionogol			
croch	cyn groched	yn grochach	y crochaf/grochaf
croendenau			
croesawgar			
croyw	cyn groywed	yn groywach	y croywaf/groywaf
crwca			
crwm	cyn grymed	yn grymach	y crymaf/grymaf
crymion	*ansoddair lluosog*		
crwn	cyn grynned	yn grynnach	y crynnaf/grynnaf
crynion	*ansoddair lluosog*		
crych			

crech/grech	*benywaidd*		
cryf	cyn gryfed	yn gryfach	y cryfaf/gryfaf
cryfion	*ansoddair lluosog*		
cref/gref	*benywaidd*		
cryg			
creg/greg	*benywaidd*		
cul	cyn guled	yn gulach	y culaf/gulaf
culion	*ansoddair lluosog*		
cusanadwy			
cwerylgar			
cwicsotaidd			
cwmpasog			
cwrs			
cwrtais	cyn gwrteised	yn gwrteisach	y cwrteisaf/ gwrteisaf
cwta	cyn gwteued	yn gwteuach	y cwteuaf/gwteuaf
cota/gota	*benywaidd*		
cwynfanllyd			
cybyddlyd			
cydnaws			
cydweddol			
cyfan			
cyfain	*ansoddair lluosog*		
cyfareddol			
cyfarwydd			
cyfeillgar			
cyfiawn			
cyflawn			
cyfleus			
cyflym	cyn gyflymed	yn gyflymach	y cyflymaf/ gyflymaf

cyfoed	ddim yn cymharu		
cyfoedion	*enw lluosog*		
cyfoethog	cyn gyfoethoced	yn gyfoethocach	cyfoethocaf/ gyfoethocaf
cyfrifol			
cyfrinachol			
cyfrwys	cyn gyfrwysed	yn gyfrwysach	y cyfrwysaf/ gyfrwysaf
cyfyng			
cyfforddus			
cyhyd	gw. **hir**		
cyhyrog			
cymaint gw. **mawr**			
cymdogol			
cymen			
cymeradwy			
cymhleth	cyn gymhlethed	yn gymhlethach	cymhlethaf/ gymhlethaf
cymhlethion	*enw lluosog*		
Cymreig	cyn Gymreiced	yn Gymreiciach	y Cymreiciaf/ Gymreiciaf
cymylog			
cymysg			
cynaliadwy			
cyndyn			
cynnar	cyn gynhared	yn gynharach	y cynharaf/ gynharaf
cynnes	cyn gynhesed	yn gynhesach	y cynhesaf/ gynhesaf
cynnil	cyn gyniled	yn gynilach	y cynilaf/gynilaf
cynorthwyol			

Ansoddeiriau

cyntefig			
cyrliog			
cysáct			
cysetlyd			
cysglyd			
cysgodol			
cyson			
cystadleuol			
cystal	gw. da		
cysurus			
cytbwys			
cythryblus			
cywilyddus			
cywir	cyn gywired	yn gywirach	y cywiraf/gywiraf
cywrain	cyn gywreined	yn gywreinach	y cywreinaf/gywreinaf

Ch

chwaethus			
chwannog			
chwareus			
chweinllyd			
chwerthinllyd			
chwerw	cyn chwerwed	yn chwerwach	y chwerwaf
chwerwon	*enw lluosog*		
chwil			
chwilfrydig			
chwim			
chwit-chwat			
chwithig			
chwyddedig			
chwyldroadol			
chwyrn			
chwyslyd			

D

da	cystal	yn (g)well	y gorau/yr orau goreuon *enw lluosog*
dadlennol			
dadleuol			
dagreuol			
dall	cyn ddalled	yn ddallach	y dallaf/ddallaf
deillion	*enw lluosog*		
damniol			
dangosadwy			
danheddog			
dansierus			
danteithiol			
darbodus			
darluniadol			
darllenadwy			
darniog			
darostyngedig			
dawnus			
dealladwy			
deallus			
dedwydd	cyn ddedwydded	yn ddedwyddach	y dedwyddaf/ ddedwyddaf
defnyddiol			
defosiynol			
deheuig			
deifiol			
deiliog			
del	cyn ddeled	yn ddelach	y delaf/ddelaf
democrataidd			
dengar			

deniadol			
derbyniol			
destlus			
dethol			
dewisol		yn ddewisach	
dewr	cyn ddewred	yn ddewrach	y dewraf/ddewraf
dewrion	*lluosog*		
diaddurn			
dianghenraid			
dialgar			
diamynedd			
diarffordd			
diarth			
dibwrpas			
dibwys			
dibynadwy			
dichellgar			
di-chwaeth			
didaro			
didoreth			
didrugaredd			
didwyll	cyn ddidwylled	yn ddidwyllach	y didwyllaf/ ddidwyllaf
di-ddal			
diddan	cyn ddiddaned	yn ddiddanach	y diddanaf/ ddiddanaf
diddanion	*enw lluosog*		
di-ddawn			
diddeall			
diddos	cyn ddiddosed	yn ddiddosach	y diddosaf/ ddiddosaf

Ansoddeiriau

diddychymyg			
diedifar			
dieflig			
diegwyddor			
dieithr	cyn ddieithred	yn ddieithrach	y dieithraf/ ddieithraf
dieithriaid	*enw lluosog*		
diflas	cyn ddiflased	yn ddiflasach	y diflasaf/ddiflasaf
diflewyn-ar-dafod			
difreintiedig			
difrifol			
difyr	cyn ddifyrred	yn ddifyrrach	y difyrraf/ddifyrraf
difyrion	*enw lluosog*		
diffaith	cyn ddiffeithed	yn ddiffeithach	y diffeithaf/ ddiffeithaf
diffuant			
diffwdan			
dig	cyn ddiced	yn ddicach	y dicaf/ddicaf
digalon			
di-glem			
digrif	cyn ddigrifed	yn ddigrifach	y digrifaf/ddigrifaf
digyfaddawd			
digysur			
digywilydd			
di-hid			
dilornus			
dilys	cyn ddilysed	yn ddilysach	y dilysaf/ddilysaf
dinistriol			
diniwed	cyn ddiniweitied	yn ddiniweitiach	y diniweitiaf/ ddiniweitiaf

Ansoddeiriau

di-nod	cyn ddinoted	yn ddinotach	y dinotaf/ddinotaf
diog	cyn ddioced	yn ddiocach	y diocaf/ddiocaf
diogel			
di-raen			
dirdynnol			
direidus			
dirgel	cyn ddirgeled	yn ddirgelach	y dirgelaf/ddirgelaf
dirgelion	*enw lluosog*		
disglair	cyn ddisgleiried	yn ddisgleiriach	y disgleiriaf/ ddisgleiriaf
disgybledig			
di-siâp			
distadl	cyn ddistatled	yn ddistatlach	y distatlaf/ ddistatlaf
distaw	cyn ddistawed	yn ddistawach	y distawaf/ ddistawaf
distrywiol			
di-sylw			
disynnwyr			
diwair	cyn ddiweired	yn ddiweiriach	y diweiriaf/ ddiweiriaf
diweddar		yn ddiweddarach	diweddaraf/ ddiweddaraf
diwyd			
doeth	cyn ddoethed	yn ddoethach	y doethaf/ddoethaf
doethion	*enw lluosog*		
dofn/ddofn	gw. **dwfn**		
doniol	cyn ddonioled	yn ddoniolach	y doniolaf/ ddoniolaf
dramatig			
drewllyd			
drud	cyn ddruted	yn ddrutach	y drutaf/ddrutaf

drudion	*lluosog*		
drwg	*cynddrwg*	*yn waeth*	*y gwaethaf/ waethaf*
drwgdybus			
dryslyd			
du	cyn ddued	yn dduach	y duaf/y dduaf
duon	*ansoddair lluosog*		
duwiol			
dwfn	cyn ddyfned	yn ddyfnach	y dyfnaf/ y ddyfnaf
dyfnion	*ansoddair lluosog*		
dofn/ddofn	*benywaidd*		
dwyfol			
dwys	cyn ddwysed	yn ddwysach	y dwysaf/ddwysaf
dychweledig	ddim yn cymharu		
dychweledigion	*enw lluosog*		
dyfal			
dyfeisgar			
dyfrllyd			
dygn	cyn ddycned	yn ddycnach	y dycnaf/ ddycnaf
dylanwadol			
dyledus			
dymunol			
dyrchafedig			
dyrys			
dysgedig	cyn ddysgediced	yn ddysgedicach	dysgedicaf/ ddysgedicaf

E

eang	cyn ehanged	yn ehangach	yr ehangaf
eangfrydig			
eciwmenaidd			
eclectig			
ecsentrig			
ecsgliwsif			
ecsotig			
ecstatig			
echrydus			
edefynnog			
edifeiriol			
efengylaidd			
effeithiol			
effeithlon			
effro			
egalitaraidd			
eglur	cyn eglured	yn eglurach	yr egluraf
egoistaidd			
egr	cyn egred	yn egrach	yr egraf
egwyddorol			
eiconig			
eiddgar			
eiddigeddus			
eiddil	cyn eiddiled	yn eiddilach	yr eiddilaf
eirias	cyn eiriased	yn eiriasach	yr eiriasaf
eiriasol			
eironig			
eithafol			
elastig			
elegeiog			

Ansoddeiriau

elfennol			
emosiynol			
enbyd	cyn enbyted	yn enbytach	yr enbytaf
encilgar			
enigmatig			
enllibus			
enwog	cyn enwoced	yn enwocach	yr enwocaf
enwogion	*enw lluosog*		
eofn	cyn eofned	yn eofnach	yr eofnaf
epilgar			
erchyll			
erotig			
esgeulus	cyn esgeulused	yn esgeulusach	yr esgeulusaf
esgyrnog			
esmwyth	cyn esmwythed	yn esmwythach	yr esmwythaf
esoterig			
estron			
estroniaid	*enw lluosog*		
etholadwy			
euog	cyn euoced	yn euocach	yr euocaf
euogion	*enw lluosog*		
ewyllysgar			
ewynnog			

Ff

ffaeledig			
ffafriol			
ffals	cyn ffalsed	yn ffalsach	y ffalsaf
ffantastig			
ffasiynol			
ffein		yn ffeinach	y ffeinaf
ffiaidd	cyn ffieiddied	yn ffieiddiach	y ffieiddiaf
ffit		yn ffit(i)ach	y ffit(i)af
fflat		yn fflatach	y fflataf
fflegmatig			
fflyrtlyd			
ffodus			
ffôl		yn ffolach	y ffolaf
fforddiadwy			
ffortunus			
ffraegar			
ffraeth	cyn ffraethed	yn ffraethach	y ffraethaf
ffres			
ffrit			
ffromllyd			
ffrwydrol			
ffrwythlon			
ffuantus			
ffug	ddim yn cymharu		
ffugion	lluosog		
ffurfiol			
ffwndrus			
ffyddiog			
ffyddlon	cyn ffyddloned	yn ffyddlonach	y ffyddlonaf
ffyddloniaid	enw lluosog		

Ansoddeiriau

ffyniannus			
ffyrnig	cyn ffyrniced	yn ffyrnicach	y ffyrnicaf
ffyslyd			

G

gaeafol			
gafaelgar			
galluog	cyn alluoced	yn alluocach	y galluocaf/yr alluocaf
garw	cyn arwed	yn arwach	y garwaf/yr arwaf
geirwon	*enw lluosog*		
gau	cyn eued	yn euach	y geuaf/yr euaf
glân	cyn laned	yn lanach	y glanaf/lanaf
glandeg			
glas	cyn lased	yn lasach	y glasaf/lasaf
gleision	*lluosog*		
glastwraidd	cyn lastwreiddied	yn lastwreiddiach	glastwreiddiaf/ lastwreiddiaf
glawog			
glew	cyn lewed	yn lewach	y glewaf/lewaf
glewion	*lluosog*		
gloyw	cyn loywed	yn loywach	y gloywaf/loywaf
gloywon	*ansoddair lluosog*		
gludiog			
glwys	cyn lwysed	yn lwysach	y glwysaf/lwysaf
glwysion	*ansoddair lluosog*		
gobeithiol			
gochelgar			
godidog	cyn odidoced	yn odidocach	y godidocaf/yr odidocaf
goddefgar			
gofalus			
gofidus			
gogleddol			
gogleisiol			
gogoneddus			

Ansoddeiriau

golau	cyn oleued	yn oleuach	y goleuaf/yr oleuaf
goleuedig			
goludog			
golygus			
gonest	cyn onested	yn onestach	y gonestaf/yr onestaf
gorau	gw. da		
goreuon	gw da		
gorchestol			
gorfoleddus			
gorffenedig			
gorllewinol			
gormesol			
gosgeiddig			
gostyngedig			
graddedig	ddim yn cymharu		
graddedigion	*enw lluosog*		
graddol			
graenus			
graslon			
gresynus			
grotésg *(didreiglad)*			
grwgnachlyd			
grymus	cyn rymused	yn rymusach	y grymusaf/ rymusaf
grymusion	*ansoddair lluosog*		
gwaedlyd			
gwael	cyn waeled	yn waelach	y gwaelaf/y waelaf

Ansoddeiriau

gwaeth	gw. **drwg**		
gwag	cyn waced	yn wacach	y gwacaf/wacaf
gweigion	ansoddair lluosog		
gwahoddedig	ddim yn cymharu		
gwahoddedigion	enw lluosog		
gwallgof			
gwalltog			
gwallus			
gwamal	cyn wamaled	yn wamalach	y gwamalaf/ wamalaf
gwan	cyn wanned	yn wannach	y gwannaf/ wannaf
gweinion	*enw lluosog*		
gwancus			
gwangalon			
gwantan			
gwaradwyddus			
gwaraidd			
gwarchodol			
gwareiddiedig			
gwargaled			
gwargam			
gwarthus			
gwasaidd			
gwasgaredig			
gwastad	cyn wastated	yn wastatach	y gwastataf/ wastataf
gweddigar			
gweddus	cyn weddused	yn weddusach	y gweddusaf/ weddusaf
gwefreiddiol			
gweithgar			

gweladwy			
gwelw	cyn welwed	yn welwach	y gwelwaf/welwaf
gwelwon	*ansoddair lluosog*		
gwell	gw. **da**		
gwenieithus			
gwenwynig			
gwenwynllyd			
gwerinol			
gwerthfawr			
gwerthfawrogol			
gwichlyd			
gwir	cyn wired	yn wirach	y gwiraf/wiraf
gwirion	cyn wirioned	yn wirionach	y gwirionaf/wirionaf
gwisgi			
gwladaidd			
gwladgarol			
gwlanog			
gwledig			
gwleidyddol			
gwlyb	cyn wlyped	yn wlypach	y gwlypaf/wlypaf
gwlybion	*ansoddair lluosog*		
gwleb/wleb	*benywaidd*		
gwreiddiol			
gwresog	cyn wresoced	yn wresocach	y gwresocaf/wresocaf
gwrthnysig			
gwrthryfelgar			
gwrthun			
gwybodus			
gwybodusion	*enw lluosog*		

Ansoddeiriau

gwych	cyn wyched	yn wychach	y gwychaf/ wychaf
gwydn	cyn wytned	yn wytnach	y gwytnaf/ wytnaf
gwylaidd			
gwyliadwrus			
gwyllt			
gwylltion	*ansoddair lluosog*		
gwyn	cyn wynned â	yn wynnach na	y gwynnaf/ wynnaf
gwynion	lluosog		
gwen/wen	benywaidd		
gwyntog			
gwyrdd	cyn wyrdded	yn wyrddach	y gwyrddaf/y wyrddaf
gwyrddion	lluosog		
gwerdd/werdd	benywaidd		
gwyrthiol			

H

haeddiannol			
hael	cyn haeled	yn haelach	yr haelaf
haerllug			
hafaidd			
hagr	cyn hacred	yn hacrach	yr hacraf
halogedig			
hallt	cyn hallted	yn halltach	yr halltaf
heilltion	*ansoddair lluosog*		
hamddenol			
hanfodol			
haniaethol			
hapus	cyn hapused	yn hapusach	yr hapusaf
hardd	cyn hardded	yn harddach	yr harddaf
heirdd(ion)	*ansoddair lluosog*		
hastus			
hawdd	cyn hawsed	yn haws	yr hawsaf
hectig			
hedonistaidd			
heglog			
heini			
heintus			
helaeth	cyn helaethed	yn helaethach	yr helaethaf
helbulus			
hen	cyn hyned	yn **hŷn**	yr hynaf
hynafiaid	*enw lluosog*		
henffasiwn			
herfeiddiol			
heriol			
heulog			
hiliol			
hir	cyhyd	yn hwy/hirach	yr hwyaf/hiraf

Ansoddeiriau

hirion	*ansoddair lluosog*		
hirwyntog			
histrionig			
hoffus			
holgar			
hoyw	cyn hoywed	yn hoywach	yr hoywaf
hoywon	*enw lluosog*		
huawdl	cyn huotled	yn huotlach	yr huotlaf
hudolus			
hunanbwysig			
hunandybus			
hunangar			
hunangyfiawn			
hunanol			
hunllefus			
hurt	cyn hurted	yn hurtach	yr hurtaf
hwn	ddim yn cymharu		
hyn	*ansoddair lluosog*		
hon	*benywaidd*		
honno	*benywaidd*		
hwnnw	ddim yn cymharu		
hynny	*ansoddair lluosog*		
hwylus	cyn hwylused	yn hwylusach	yr hwylusaf
hwyr		yn hwyrach	yr hwyraf
hyblyg	cyn hyblyced	yn hyblycach	yr hyblycaf
hyderus			
hydrin			
hydwyth	cyn hydwythed	yn hydwythach	yr hydwythaf
hyf			
hyfryd	cyn hyfryted	yn hyfrytach	yr hyfrytaf
hygoelus			

hylaw			
hyll	cyn hylled	yn hyllach	yr hyllaf
hŷn	gw. **hen**		
hynaws	cyn hynawsed	yn hynawsach	yr hynawsaf
hynod	cyn hynoted	yn hynotach	yr hynotaf
hynodion	*enw lluosog*		
hysb			
hesb	*benywaidd*		
hesbion	*enw lluosog*		
hywedd			

I

iach	cyn iached	yn iachach	yr iachaf
iasol			
idealistaidd			
ideolegol			
idiomatig			
ifanc	cyn ieued	yn ifancach/yn iau/yn ieuengach	yr ifancaf/yr ieuaf/yr ieuengaf
ifainc	*lluosog*		
igam-ogam			
ingol			
ir	cyn ired	yn irach	yr iraf
irion	*lluosog*		
isel	cyn ised	yn is	yr isaf
israddol			

Ansoddeiriau

L

lwcus			

Ll

llac	cyn llaced	yn llacach	y llacaf/lacaf
llachar			
lladradaidd			
lladdedig	ddim yn cymharu		
lladdedigion	*enw lluosog*		
llaes	cyn llaesed	yn llaesach	y llaesaf/laesaf
llafar			
llafurus			
llai	gw. **bach**		
llaith	cyn lleithed	yn lleithach	y lleithaf/leithaf
llariaidd	cyn llarieiddied	yn llarieiddiach	y llarieiddiaf/larieiddiaf
llathraidd	cyn llathreiddied	yn llathreiddiach	y llathreiddiaf/lathreiddiaf
llawdrwm			
llawen	cyn llawened	yn llawenach	y llawenaf/lawenaf
llawn	cyn llawned	yn llawnach	y llawnaf/lawnaf
llawnion	*lluosog*		
llechwraidd			
llednais	cyn lledneised/ cyn lledneisied	yn lledneisach/ yn lledneisiach	y lledneisaf/ lledneisiaf
lledrithiol			
llem/lem	gw. **llym**		
llenyddol			
lleol			
llesg	cyn llesged	yn llesgach	y llesgaf/lesgaf
llesol			
lletchwith			
llethol			
llethrog			
llewyrchus			

llidus			
lliniarol			
llipa	cyn lliped	yn llipach	y llipaf/lipaf
llithrig			
lliwgar			
lloerig			
llofr/lofr	gw. **llwfr**		
llom/lom	gw. **llwm**		
llon	cyn llonned	yn llonnach	y llonnaf/lonnaf
llonydd			
lluddedig			
llugoer			
lluniaidd			
llwfr			
llofr/lofr	*benywaidd*		
llwm	cyn llymed	yn llymach	y llymaf/lymaf
llymion	*ansoddair lluosog*		
llom/lom	*benywaidd*		
llwyd	cyn llwyted	yn llwytach	y llwytaf/lwytaf
llwydion	*ansoddair lluosog*		
llwyddiannus			
llwythog			
llydan	cyn lleted	yn lletach	y lletaf/letaf
llydain	*ansoddair lluosog*		
llyfn	cyn llyfned	yn llyfnach	y llyfnaf/lyfnaf
llygatgraff			
llygredig			
llym	cyn llymed	yn llymach	y llymaf/lymaf
llymion	*lluosog*		
llem/lem	*benywaidd*		
llywaeth			

M

maddeugar			
maethlon			
main	cyn feined	yn feinach	y meinaf/feinaf
meinion	*ansoddair lluosog*		
maith	cyn feithed	yn feithach	y meithaf/feithaf
meithion	*ansoddair lluosog*		
maleisus			
mân	cyn faned	yn fanach	y manaf/fanaf
manion	*enw lluosog*		
manig			
manteisiol			
manwl	cyn fanyled	yn fanylach	y manylaf/fanylaf
manylion	*enw lluosog*		
marw	cyn farwed		
meirwon	*enw lluosog*		
masnachol			
mawr	cymaint	yn fwy	y mwyaf/fwyaf
mawrion	*lluosog*		
mawreddog			
mawrfrydig			
medrus	cyn fedrused	yn fedrusach	y medrusaf/fedrusaf
meddal	cyn feddaled	yn feddalach	y meddalaf/feddalaf
meddw		yn feddwach	y meddwaf/feddwaf
meistrolgar			
melfedaidd			
melodramatig			
melyn	cyn felyned	yn felynach	y melynaf/felynaf
melynion	*lluosog*		

Ansoddeiriau

melen/felen	benywaidd		
melys	cyn felysed	yn felysach	y melysaf/felysaf
melysion	enw lluosog		
melltigedig			
mên			
mentrus			
merchetaidd			
merfaidd	cyn ferfeiddied	yn ferfeiddiach	merfeiddiaf/ ferfeiddiaf
methedig			
mewnblyg			
milain	cyn fileinied	yn fileiniach	y mileiniaf/ fileiniaf
mileinig			
miniog	cyn finioced	yn finiocach	y miniocaf/ finiocaf
mirain	cyn fireinied	yn fireiniach	y mireiniaf/ fireiniaf
mochaidd			
modern			
moel	cyn foeled	yn foelach	y moelaf/foelaf
moelion	lluosog		
moesgar			
moesol			
moethus	cyn foethused	yn foethusach	y moethusaf/ foethusaf
mud			
mursennaidd			
musgrell			
mwdlyd			
mwll	cyn fylled	yn fyllach	y myllaf/fyllaf
moll/foll	benywaidd		

Ansoddeiriau

mwyn	cyn fwyned	yn fwynach	y mwynaf/fwynaf
mwynion	*ansoddair lluosog*		
myfyrgar			
myglyd			
mympwyol			
mynych	cyn fynyched	yn fynychach	y mynychaf/fynychaf
mynyddig			

N

nacaol			
Nadoligaidd			
nadreddog			
naïf			
narsisaidd			
naturiol			
nawddogol			
nefol	dim yn cymharu		
nefolion	*enw lluosog*		
negyddol			
neis	cyn neised	yn neisach	y neisaf
nerfus		yn nerfusach	y nerfusaf
nerthol			
nes gw. **agos**			
newydd			
newyddion	*enw lluosog*		
niferus			
niweidiol			
niwlog			
niwrotig			
nodweddiadol			
noeth	cyn noethed	yn noethach	y noethaf
noethion	*lluosog*		

O

od		odach/odiach	odaf/odiaf
oer	cyn oered	yn oerach	yr oeraf
oerion	*ansoddair lluosog*		
ofer	cyn ofered	yn oferach	yr oferaf
ofergoelus			
ofnadwy			
ofnus			
onglog			
operatig			
optimistaidd			
oriog			

P

panelog			
panoramig			
pantiog			
parablus			
paranoid			
parchedig	cyn barchediced	yn barchedicach	y parchedicaf/ barchedicaf
parchedigion	*enw lluosog*		
parchus			
parhaol			
parod	cyn baroted	yn barotach	y parotaf/barotaf
patrymog			
pathetig			
pechadurus			
pedantig			
pefriog			
pelydrol			
pell	cyn belled	yn bellach	y pellaf/bellaf
pellgyrhaeddol			
penagored			
penboeth			
penchwiban			
pendant			
penderfynol			
pengaled			
peniog			
penstiff			
penysgafn			
pêr	cyn bered	yn berach	y peraf/beraf
peraidd	cyn bereiddied	yn bereiddiach	y pereiddiaf/ bereiddiaf

Ansoddeiriau

peraroglus			
perffaith	cyn berffeithed	yn berffeithach/ berffeithiach	y perffeithaf/ berffeithiaf
persain	cyn berseined	yn berseinach	y perseinaf/ berseinaf
pert	cyn berted	yn bertach	y pertaf/bertaf
perthnasol			
peryglus			
pesimistaidd			
petrus	cyn betrused	yn betrusach	y petrusaf/ betrusaf
pigfain			
pigog			
piwis			
plaen	cyn blaened	yn blaenach	y plaenaf/blaenaf
pleidiol			
plentynnaidd			
pleserus			
pletiog			
plorynnog			
plwyfol			
plygeiniol			
poblogaidd			
poeth	cyn boethed	yn boethach	y poethaf/ boethaf
poethion	*ansoddair lluosog*		
pornograffig			
porthiannus			
positif			
pothellog			
praff	cyn braffed	yn braffach	y praffaf/braffaf

Ansoddeiriau

pragmatig			
pregethwrol			
preifat			
prid	cyn brited	yn britach	y pritaf/britaf
prin	cyn brinned	yn brinnach	y prinnaf/brinnaf
priodol			
profiadol			
proffesiynol			
proffidiol			
prudd	cyn brudded	yn bruddach	y pruddaf/bruddaf
pruddion	*ansoddair lluosog*		
Prydeinig			
pryderus			
prydferth	cyn brydferthed	yn brydferthach	y prydferthaf/brydferthaf
prydlon			
pryfoclyd			
prysur	cyn brysured	yn brysurach	y prysuraf/brysuraf
pur	cyn bured	yn burach	y puraf/buraf
purion	*ansoddair lluosog*		
pwdlyd			
pwerus			
pŵl	cyn byled	yn bylach	y pylaf/bylaf
pwyllog			
pwysig	cyn bwysiced	yn bwysicach	y pwysicaf/bwysicaf
pybyr			

R

real			
realistig			

Rh

rhacsiog			
rhad	cyn rhated	yn rhatach	y rhataf/rataf
rhadlon	cyn rhadloned	yn rhadlonach	y rhadlonaf/ radlonaf
rhaflog			
rhagfarnllyd			
rhagorol		yn rhagorach	y rhagoraf/ragoraf
rhagrithiol			
rhagweladwy			
rhamantus			
rhanedig			
rheibus			
rhesymegol			
rhesymol			
rhewllyd			
rhinweddol			
rhodresgar			
rhudd	cyn rhudded	yn rhuddach	y rhuddaf/ ruddaf
rhuddion	*ansoddair lluosog*		
rhugl	cyn rhugled	yn rhuglach	y rhuglaf/ruglaf
rhwydd	cyn rhwydded	yn rhwyddach	y rhwyddaf/ rwyddaf
rhwyfus			
rhwyllog			
rhwysgfawr			
rhwystredig			
rhychiog			
rhydlyd			
rhydd			
rhyddfrydig			

Ansoddeiriau

rhyfedd	cyn rhyfedded	yn rhyfeddach	y rhyfeddaf/ ryfeddaf
rhyfelgar			
rhyfygus			
rhynllyd			
rhythmig			

S

sad			
sadistaidd			
safadwy			
safonol			
saff	cyn saffed	yn saffach	y saffaf
sâl	cyn saled	yn salach	y salaf
salw	cyn salwed	yn salwach	y salwaf
sanctaidd	cyn sancteiddied	yn sancteiddiach	y sancteiddiaf
sarcastig			
sardonig			
sarhaus			
sarrug			
sathredig			
sawrus			
sbengllyd			
sbeislyd			
sbeitlyd			
sbesial			
sbriws			
sebonllyd			
sech	gw. **sych**		
sefydlog			
segur	cyn segured	yn segurach	y seguraf
seicig			
seicotig			
seimllyd			
Seisnigaidd			
seithug			
selog	cyn seloced	yn selocach	y selocaf
selogion	enw lluosog		

senoffobig			
sensitif			
serchog			
seremonïol			
serennog			
serth	cyn serthed	yn serthach	y serthaf
sgitsoffrenig			
sgiw-wiff			
sgleiniog			
sgrechlyd			
siabi			
siapus			
siaradus			
siarp		yn siarpach	y siarpaf
sicr	cyn sicred	yn sicrach	y sicraf
sidanaidd			
sidêt			
sigledig			
simsan			
sinicaidd			
siofinaidd			
siomedig			
sionc	cyn sionced	yn sioncach	y sioncaf
siriol			
slei			
slic			
smala			
snobyddlyd			
sobr	cyn sobred	yn sobrach	y sobraf
soeglyd			
soffistigedig			

solet			
soniarus			
sownd			
stiff		yn stiffach	y stiffaf
stormus			
strwythuredig			
stwrllyd			
sur	cyn sured	yn surach	y suraf
surion	*ansoddair lluosog*		
swci			
swil	cyn swiled	yn swilach	y swilaf
swrth	cyn swrthed	yn swrthach	y swrthaf
sych	cyn syched	yn sychach	y sychaf
sychion	*ansoddair lluosog*		
sech	*benywaidd*		
sychedig			
sychlyd			
sydyn			
syfrdanol			
sylweddol			
sylwgar			
syml	cyn symled	yn symlach	y symlaf
seml	*benywaidd*		
sympathetig			
syn	cyn synned	yn synnach	y synnaf
synfyfyriol			
synhwyrol			
syrffedus			
syth	cyn sythed		
sythion	*ansoddair lluosog*		

T

taclus	cyn daclused	yn daclusach	y taclusaf/daclusaf
tactegol			
tadol			
taeogaidd			
taer	cyn daered	yn daerach	y taeraf/daeraf
tafodieithol			
tagellog			
tangnefeddus			
tal	cyn daled	yn dalach	y talaf/dalaf
talentog			
talïaidd			
talog			
talpiog			
talsyth			
tameidiog			
tanbaid	cyn danbeited	yn danbeitach/ danbeitiach	y tanbeitaf/ tanbeitiaf
tawdd	ddim yn cymharu		
toddion	*enw lluosog*		
tawedog			
tawel	cyn daweled	yn dawelach	y tawelaf/dawelaf
tebyg	cyn debyced	yn debycach	y tebycaf/debycaf
tebygol			
teg	cyn deced	yn decach	y tecaf/decaf
teilwng	cyn deilynged	yn deilyngach	y teilyngaf/ deilyngaf
teimladwy			
telynegol			
tenau	cyn deneued	yn deneuach	y teneuaf/ deneuaf
terfynol			

tew	cyn dewed	yn dewach	y tewaf/dewaf
tewion	*ansoddair lluosog*		
teyrngar	cyn deyrngared	yn deyrngarach	y teyrngaraf/ deyrngaraf
tirion	cyn dirioned	yn dirionach	y tirionaf/ dirionaf
tlawd	cyn dloted	yn dlotach	y tlotaf/dlotaf
tlodion	*enw lluosog*		
tlws	cyn dlysed	yn dlysach	y tlysaf/dlysaf
tlysion	*ansoddair lluosog*		
tlos/dlos	*benywaidd*		
tolciog			
tonnog			
torcalonnus			
toreithiog			
tost	cyn dosted	yn dostach	y tostaf/dostaf
trachwantus			
traddodiadol			
trafferthus			
trahaus			
trallodus			
trawiadol			
trawmatig			
trech	*dim ffurf gysefin*	yn drech	y trechaf/drechaf
trefnus			
treiddgar			
treisgar			
treuliedig			
triaglaidd			
trist	cyn dristed	yn dristach	y tristaf/dristaf
triw			

Ansoddeiriau

troellog			
truan	cyn druaned	yn druanach	y truanaf/druanaf
trueiniaid	*enw lluosog*		
truenus			
trugarog	cyn drugaroced	yn drugarocach	trugarocaf/ drugarocaf
trugarogion	*enw lluosog*		
trwchus			
trwm	cyn drymed	yn drymach	y trymaf/drymaf
trymion	*ansoddair lluosog*		
trom/drom	*benywaidd*		
trwsgl			
trosgl/drosgl	*benywaidd*		
trwsiadus			
trwyadl			
trwynsur			
trychinebus			
tryloyw	cyn dryloywed	yn dryloywach	y tryloywaf/ dryloywaf
tryloywon	*enw lluosog*		
trylwyr			
twp		yn dwpach	y twpaf/dwpaf
twt	cyn dwted	yn dwtach	y twtaf/dwtaf
twyllodrus			
twym			
twymgalon			
tyngedfennol			
tyllog			
tymhestlog			
tyn	cyn dynned	yn dynnach	y tynnaf/dynnaf
tyner	cyn dynered	yn dynerach	y tyneraf/dyneraf

Ansoddeiriau

| tywyll | cyn dywylled | yn dywyllach | y tywyllaf/ dywyllaf |

U

uchel	cyn uched	yn uwch	yr uchaf
uchafion	*ansoddair lluosog*		
uchel-ael			
uchelgeisiol			
uchelwrol			
ufudd			
uffernol			
unbenaethol			
undonog			
unedig			
unfrydol			
unig			
union			
uniongyrchol			
unionsyth			
unllygeidiog			
unochrog			
unplyg			
urddasol			

Ansoddeiriau

W

| wynebgaled | | | |

Y

yfadwy			
ymarferol			
ymatalgar			
ymffrostgar			
ymladdgar			
ymosodol			
ymwthgar			
ymwybodol			
ymylol			
ynfyd	cyn ynfyted	yn ynfytach	yr ynfytaf
ynfydion	*enw lluosog*		
ynysig			
ysblennydd			
ysbrydoledig			
ysgafn	cyn ysgafned	yn ysgafnach	yr ysgafnaf
ysgeifn	*ansoddair lluosog*		
ysgaprwth			
ysgeler			
ysgolheigaidd			
ysgrythurol			
ysgubol			
ysgytwol			
ystormus			
ystrydebol			
ystrywgar			
ystwyth	cyn ystwythed	yn ystwythach	yr ystwythaf
ystyfnig	cyn ystyfniced	yn ystyfnicach	yr ystyfnicaf
ystyrlon			

Cymariaethau

addfwyn	mor addfwyn ag oen
anwadal	mor anwadal â cheiliog gwynt
araf	mor ara deg â malwen
balch	cyn falched â pheunod y plasau
balch	mor falch â pheunod y plasau
balch	mor falch ag alarch ar lyn
brau	mor frau â gwe pry cop
byddar	mor fyddar â phost
caled	cyn galeted â dur
cam	mor gam â bachau crochan
clyd	mor glyd â nyth y dryw
coch	cyn goched â thân
coch	mor goch â thân
cryf	cyn gryfed â march
cryf	mor gryf â march
cyflym	cyn gyflymed â mellten
cyflym	mor gyflym â gwennol gwehydd
cyfrwys	cyn gyfrwysed â sarff
cyfrwys	mor gyfrwys â llwynog
cyfrwys	mor gyfrwys â sarff
chwerw	mor chwerw â'r wermod
chwim	mor chwim â gafr wanwyn
dall	mor ddall â thylluan
di-ddal	mor ddi-ddal â cheiliog gwynt
di-ddal	mor ddi-ddal â phen-ôl babi
diniwed	mor ddiniwed â cholomen

diniwed	mor ddiniwed â mwydyn
distaw	cyn ddistawed â llygoden
distaw	mor ddistaw â llygoden
distaw	mor ddistaw â'r bedd
diwyd	mor ddiwyd â gwenynen
du	cyn ddued â brân
du	cyn ddued â muchudd
du	mor ddu â brân
ffyddlon	cyn ffyddloned â gwas y gog
glas	cyn lased â'r wawr
gwan	cyn wanned â chath
gwan	mor wan â brechdan
gwan	mor wan â chath
gwancus	mor wancus â'r wenci
gwir	cyn wired â phader
gwyllt	mor wyllt â chacwn
gwyn	mor wyn â'r galchen
gwyn	cyn wynned â charlwm
hagr	cyn hacred â phechod
heini	mor heini â phioden
iach	cyn iached â'r gneuen
iach	mor iach â chricsen
llawen	mor llawen â'r gog
llawn	cyn llawned ag wy
llon	cyn llonned â brithyll

llon	mor llon â brithyll
llyfn	mor llyfn â charreg y drws
llywaeth	mor llywaeth â llo
marw	cyn farwed â hoelen
oer	mor oer â thrwyn ci
pigog	mor bigog â draenog
prysur	mor brysur â morgrugyn
sâl	mor sâl â chi
sicr	cyn sicred â'r farn
sionc	mor sionc â'r dryw
sobr	cyn sobred â sant
sych	cyn syched â chorcyn
tawel	mor dawel â'r tes
tenau	mor denau â weiren gaws
tew	cyn dewed â chlust eidion
tew	cyn dewed â mochyn
tew	mor dew â mochyn
tlawd	cyn dloted â llygoden eglwys
tlawd	mor dlawd â llygoden eglwys
trefnus	mor drefnus â morgrugyn
twt	mor dwt â nyth y dryw
tyn	cyn dynned â thant
tywyll	mor dywyll â bol buwch
ysgafn	cyn ysgafned â phluen
ystwyth	cyn ystwythed â'r faneg